LEKTÜRE HILFE

Girl on the Train - Du kennst sie nicht, aber sie kennt dich

Paula Hawkins

Verfasst von Éléonore Quinaux
Übersetzt von Miriam Traub

DER QUERLESER

PAULA HAWKINS

BRITISCHE SCHAUSPIELERIN

- **Geboren 1972 in Harare (Simbabwe)**
- **Einige ihrer Werke:**
  - *Hot property* (2001), Ratgeber
  - *The Money Goddess* (2006), Ratgeber

Paula Hawkins wuchs in Simbabwe auf, bevor sie 1989 mit ihrer Familie nach London zog. Ihr Vater war Wirtschaftsprofessor und sie studierte an der Oxford-Universität ebenfalls Wirtschaft, Philosophie und Politikwissenschaften. Sie veröffentlichte einige finanzielle Ratgeber wie *The Money Goddess* und war als Journalistin für die Tageszeitung *The Times* tätig, bis sie 2009 ihre ersten fiktiven Werke verfasste.

Zunächst versuchte sie sich unter dem Pseudonym Amy Silver als Autorin romantischer Novellen, bevor sie 2015 den Psychothriller *Girl on the Train - Du kennst sie nicht, aber sie kennt dich* veröffentlichte. Der Roman entwickelte sich rasch zu einem internationalen Bestseller und auch die Verfilmung ließ nicht lange auf sich warten. Die Autorin, die zuvor in Belgien und Frankreich gelebt hat, wohnt inzwischen in einem Londoner Vorort.

GIRL ON THE TRAIN – DU KENNST SIE NICHT, ABER SIE KENNT DICH

PSYCHOTHRILLER

- **Textgattung:** Roman
- **Herangezogene Ausgabe:** Hawkins, Paula: Girl on the Train – Du kennst sie nicht, aber sie kennt dich, aus dem Englischen von Christoph Göhler, Blanvalet, München 2015
- **Erstausgabe:** 2015
- **Themen:** Mord, Angst, Psychologie, Psychopath, Alkoholabhängigkeit, häusliche Gewalt, Ehebruch, London

Girl on the Train - Du kennst sie nicht, aber sie kennt dich erschien 2015 und ist Paula Hawkins erster Roman. Die Autorin ließ sich dabei von den vielen Pendlern inspirieren, die in den Londoner Vororten wohnen und täglich mit dem Zug in die Stadt zur Arbeit und abends wieder nachhause fahren. Die Protagonistin ist eine einsame und verzweifelte junge Frau mit Alkoholproblemen, die jeden Tag aus dem Zugfenster ein vermeintlich perfektes Paar beobachtet und sich dabei in eine Traumwelt flüchtet. Bei ihren Beobachtungen wird sie Zeugin eines Ehebruchs und in Mordermittlungen verstrickt.

Die Atmosphäre des Romans ist bedrückend, wird jedoch durch den Wechsel der Erzählperspektiven etwas aufgelockert. Der Leser erhält so Einblick in die Gedanken und Gefühle mehrerer Protagonisten, anstatt in eine einzige Sichtweise.

INHALTSANGABE

TRAUM ODER ALBTRAUM?

Bereits seit einigen Jahren hat die junge Rachel, die in einer Londoner Vorstadt wohnt, ein Alkoholproblem. Durch ihre Sucht geht ihre Ehe zu Bruch, sie verliert ihren Job und ihre Lebensfreude. Obwohl sie keine Arbeit mehr hat, nimmt sie jeden Tag den Zug nach London und wieder zurück, um vor ihrer Freundin Cathy, bei der sie wohnt, die Illusion zu wahren. Jeden Tag fährt sie an ihrem alten Haus in Witney vorbei, um ihren Exmann und seine Ehefrau Anna, mit der er sie damals betrogen hat, zu beobachten, und sich auszumalen, wie ihr eigenes Leben hätte verlaufen können. Ein Paar, das in einem viktorianischen Haus in derselben Straße wohnt, erregt ihre Aufmerksamkeit. Bei jeder Fahrt beobachtet Rachel die beiden, deren Leben perfekt zu sein scheint. Sie nennt sie Jess und Jason, stellt sich den Alltag der beiden vor und hält so an der Harmonie fest, die sie selbst verloren hat.

Der perfekte Schein des Paares wird jedoch getrübt, als Jess, die in Wirklichkeit Megan heißt, plötzlich verschwindet. Auch Rachels Exmann Tom, der bisher als unschuldig am Scheitern der Ehe galt, da ihm Rachels Alkoholsucht keine andere Wahl ließ, als sich in die Arme einer Geliebten zu flüchten, erscheint nun in einem anderen Licht. In Gesellschaft anderer gibt er sich stets liebenswürdig, charmant und zu Scherzen aufgelegt. Doch er hat auch eine andere Seite und betrügt nicht nur Rachel mit einer Geliebten nach der anderen, sondern verfällt auch in seiner zweiten Ehe in alte Muster. Um seine Affären ausleben zu können, erfindet er stets neue Ausreden: Er gehe zum Sport, müsse auf Geschäftsreise oder sehe seine alten Freunde aus der Armee, obwohl er nie als Soldat gedient hat.

Megan, seine Nachbarin, mit der er ein Verhältnis hat, wird schließlich schwanger, beichtet ihrem Ehemann Scott, den Rachel in ihrer Phantasie Jason nannte, ihre Untreue und weigert sich, das Kind abzutreiben. Eine nächtliche Aussprache im Wald eskaliert und Tom erschlägt Megan mit einem Stein. Ihre Leiche wird Tage später von Ermittlern gefunden.

EINE UNGLAUBWÜRDIGE ZEUGIN

Am Tag vor dem Mord hat Rachel Megan aus dem Zug in ihrem Garten in den Armen eines dunkelhäutigen Mannes gesehen, der nicht ihr Ehemann war und grübelt darüber nach, wer der Unbekannte wohl sein könnte.

Wieder einmal betrinkt sich Rachel und ruft schließlich Tom an, den sie noch immer liebt. Nicht zum ersten Mal treibt sie sich vor ihrem ehemals gemeinsamen Haus herum und tritt ihm und seiner Frau Anna aggressiv entgegen. Obwohl Rachel durch ihre Alkoholexzesse häufig Erinnerungslücken hat, weiß sie noch, dass sie in der Mordnacht betrunken in Megans Viertel in der Nähe ihres alten Hauses gewesen war. Sie erinnert sich daran, auch Tom dort gesehen zu haben und dass dieser am nächsten Tag am ganzen Körper Spuren von Verletzungen und Schnittwunden aufwies.

Allerdings kommt Rachel mit diesen Erinnerungsfetzen auf keinen sinnvollen Schluss und so beschließt sie, auf eigene Faust zu ermitteln. Sie täuscht vor, eine Freundin Megans zu sein und schleicht sich so in das Leben ihres

Ehemanns Scott. Vorsichtig spricht sie ihn darauf an, dass Megan ihn betrogen hat und erkennt schließlich in Megans Psychologen Kamal Abdic den dunkelhäutigen Mann, mit dem sie sie im Garten gesehen hat. Fest entschlossen, den Mordfall aufzudecken, sucht sie den Psychiater selbst auf, um sich ein Bild von ihm machen zu können. Dabei fällt ihr auf, dass trotz seiner warmherzigen Stimme stets ein kaltes Lächeln seine Lippen umspielt. Auf dem Kommissariat gibt sie schließlich an, ihn in Megans Garten gesehen zu haben.

Doch aufgrund ihrer Alkoholsucht erscheint Rachel nicht gerade wie eine glaubwürdige Zeugin und die Polizei hat nur Mitleid für sie übrig, insbesondere als Scott herausfindet, dass sie gelogen hat und gar keine Freundin Megans war. Von nun an ist Rachel bei ihren Ermittlungen auf sich alleine gestellt und versucht weiterhin, sich zu erinnern.

EIN CHARMANT ERSCHEINENDER PSYCHOPATH

Zunächst hält Rachel den Psychologen für den idealen Täter, doch bald verdächtigt sie Megans Ehemann Scott, da sich dieser als eifersüchtig und gewalttätig erweist und ihr selbst gegenüber bei einem Treffen äußerst aggressiv gegenübertrat. Langsam kehren auch Erinnerungen an ihre Vergangenheit zurück, die sie durch den Alkohol verdrängt hatte, denn sie ist so besessen von den Ermittlungen, dass sie sogar weniger trinkt. Ihr wird klar, dass sie die ganze Zeit ausgeblendet hat, dass Tom sie während ihrer gesamten Ehe belogen und geschlagen hatte. Da er jedoch wusste, dass sich Rachel aufgrund ihrer Alkoholsucht an vieles nicht erinnern konnte, machte er sie für das Scheitern der Ehe verantwortlich.

Sie erinnert sich auch wieder daran, in der Mordnacht in einer Unterführung gewesen zu sein, die von Megans Haus zum Bahnhof führt, und von dort aus Tom in seinem roten Auto gesehen zu haben. Er befand sich in Begleitung einer Frau, die Rachel zunächst für Anna gehalten hat, bis ihr klar wird, dass es sich dabei um

Megan handelte. Langsam fügt sich das Puzzle zusammen und Rachel erinnert sich, dass Tom sie aus Wut, dass sie erneut bei ihm zuhause aufgekreuzt ist, geschlagen und über die Straße geschleift hat.

Sie begreift, dass ihr Ex-Mann höchstwahrscheinlich Megans Mörder ist und beschließt, Anna zu warnen, dass sie und ihr Baby in seiner Nähe in Gefahr sind. Da Tom nicht zuhause ist, nutzt sie die Chance, Anna die Wahrheit über ihn zu erzählen. Diese hat bereits seit geraumer Zeit das Gefühl, dass Tom sie betrügt und hat bei seinen Sachen ein Handy gefunden, das, wie sich herausstellt, Megan gehörte. Zum ersten Mal hört Anna Rachel zu und jagt sie nicht aus dem Haus, als diese ihr erzählt, wie Tom sie in der gesamten Ehe belogen und betrogen hat.

Plötzlich taucht Tom in der Wohnung auf und gibt, als sie ihn mit der Wahrheit konfrontieren, zu, Megan getötet zu haben. Er greift Rachel an, um sie endgültig loszuwerden, doch sie greift zu einem Korkenzieher und ersticht ihn damit aus Notwehr. Da Anna, die selbst nicht eingegriffen hat, bestätigt, dass Rachel keine andere Wahl blieb, um sich zu verteidigen, wird sie nicht des

Mordes angeklagt. Megan, deren Ruf in den Zeitungen stark beschädigt wurde, kann nun angemessen und in Würde beerdigt werden. Rachel kann sich nun, da auch Scott und Anna aus ihrem Leben verschwinden, darauf konzentrieren, ihr Leben wieder in den Griff zu bekommen.

PERSONENANALYSE

RACHEL WATSON

Die 34-jährige Rachel war im Bereich der Öffentlichkeitsarbeit tätig und ist nun arbeitslos. Aufgrund ihrer Alkoholabhängigkeit hat sie ihren Job verloren und verfällt immer tiefer in Depressionen. Dennoch nimmt sie jeden Tag den Pendlerzug von Ashbury in Buckinghamshire zum Bahnhof Euston in London. Sie lebt im Haus einer alten Studienfreundin, die sie lange aus den Augen verloren hatte.

Nach der Scheidung von Tom Watson, der sie liebevoll Rach nannte, behielt sie seinen Nachnamen, um ihre Papiere nicht erneuern zu müssen und weil es ihr schwerfällt, die Trennung zu akzeptieren und ihn loszulassen. Während der fünfjährigen Ehe lebten sie gemeinsam in einem viktorianischen Haus in der 23 Blenheim Road in Witney. Trotz künstlicher Befruchtung wird Rachel nicht schwanger und sucht im Alkohol einen Ausweg aus ihren Depressionen. Ihre

Abhängigkeit macht sie aggressiv und lässt sie die Kontrolle über ihr Leben verlieren.

Die Alkoholsucht hat auch äußerliche Spuren hinterlassen, sie sieht verwahrlost aus, ihr Gesicht ist aufgedunsen und sie ist nicht mehr die schöne junge Frau, die sie zum Zeitpunkt der Hochzeit mit Tom war. Um ihrem eigenen traurigen und hoffnungslosen Leben zu entfliehen, beobachtet sie die Menschen aus dem Zug und erfindet Geschichten über sie. So wird sie auch auf Megan und Scott aufmerksam, die sie Jess und Jason nennt und die in ihren Augen das ideale Paar darstellen.

Der Mordfall und die Ermittlungen ziehen sie so sehr in den Bann, dass sie weniger trinkt und dank ihrer Freundin Cathy sogar eine Stelle als Sekretärin findet. Sie gewinnt an Selbstvertrauen, bekommt einen klareren Kopf und erkennt schließlich, dass sie in der gesamten Beziehung mit Tom unter seiner Untreue und Gewalttätigkeit gelitten hat. Unter Alkoholeinfluss redet sie zu viel und ohne nachzudenken, ist impulsiv und aufdringlich. Trotzdem ist Rachel ein guter Mensch. Da sie ihren Vater verloren hat und sich ihre Mutter nicht weiter für die Probleme ihrer Tochter interessiert, ist Rachel ganz auf sich alleine gestellt. Dank ihr wird der Mordfall an Megan schließlich aufgeklärt.

TOM WATSON

Rachels Ex-Mann war schon in der Beziehung untreu und verließ sie schließlich für seine Geliebte Anna, die er heiratete und mit der er die gemeinsame Tochter Evie bekam. Tom arbeitet in der Immobilienbranche und ist trotz seines blassen Teints und seiner eng beieinanderstehenden Augen ein gutaussehender Mann. Als liebevoller Ehemann, der sogar für Rachel, die die beiden immer von neuem belästigt, Verständnis zeigt, kommt er zunächst gar nicht erst als Verdächtiger in Frage.

Doch bald stellt sich heraus, dass Tom ein notorischer Lügner ist und Menschen manipuliert. Zwar gibt er vor, im Militärdienst gewesen zu sein und noch Kontakt zu seinen Soldatenfreunden zu haben, doch in Wirklichkeit hat er nie gedient, da sein psychisches Profil die geforderten Ansprüche nicht erfüllte. Er ist gewalttätig und verprügelte Rachel während der Ehe, danach nutzte er jedoch stets ihre durch den Alkohol bedingten Erinnerungslücken und erzählte ihr, sie habe ihn angegriffen und er habe keine andere Wahl gehabt, als sich zu verteidigen.

Außerdem hat er Geldprobleme und nutzt diese als Vorwand, um Anna, die sich nichts sehnlicher wünscht, als zusammen mit ihm ein neues Haus zu suchen, zum Einzug in das alte Haus, in dem er mit Rachel wohnte, zu überreden. Zwar beteuert er, das Haus verliere durch die Lage direkt am Bahnhof an Wert und sie könnten sich mit dem Verkaufspreis alleine kein anderes Haus leisten, das die gleichen Standards erfüllt, doch in Wirklichkeit hängt er einfach nur an dem Haus.

Toms Eltern hat keine seiner Frauen kennengelernt und er scheut sich auch davor, sie einander vorzustellen. Denn er will verhindern, dass sie erfahren, dass er sich mit seinen Eltern zerstritten hat, da er sie zwang, die Hypothek seines eigenen Hauses zu bezahlen.

Zwar wahrt er den Schein des fürsorglichen Vaters, doch in Wirklichkeit lässt er Anna mit der Kindererziehung alleine. Dabei erhält sie Unterstützung von Megan, die als

Kindermädchen in ihr und Toms Leben tritt, bevor sie eine Affäre mit ihm beginnt.

Schließlich tötet Tom Megan, zum einen, um zu verhindern, dass Anna von der Affäre erfährt, zum anderen, weil sie das gemeinsame Kind nicht abtreiben will.

SCOTT HIPWELL

Der 36-jährige Scott ist Informatiker und lebt mit seiner Frau Megan in derselben Straße wie Tom und Anna, Hausnummer 15. Er ist größer als Tom, kräftig gebaut und hat braune Augen. Von Natur aus eifersüchtig, übt er auf Megan psychischen Druck aus, indem er jede ihrer Gesten und Taten überwacht. Scotts Temperament ist äußerst hitzig, er gerät schnell in Rage und macht seiner Wut oft Luft, indem er Gegenstände zerstört. Doch er ist auch ein besorgter Ehemann und rät Megan, aufgrund ihrer psychischen Probleme einen Psychologen aufzusuchen. Er liebt Megan sehr und ist, im Gegensatz zu ihr, froh darüber, dass sie nicht mehr arbeitet.

Rachel schleicht sich bei ihren Ermittlungen in sein Leben und wird für ihn sogar zu einer

Freundin, der er sich anvertraut. Doch als er herausfindet, dass sie in Wirklichkeit gar keine Freundin Megans war, stößt er sie von sich weg. Seine einzige Stütze ist von da an seine besitzergreifende Mutter.

Am Tag vor Megans Mord hatten sie und Scott einen schlimmen Streit, bei dem er sie fast erwürgt hätte. Denn er träumte schon lange davon, Vater zu werden und konnte den Gedanken nicht ertragen, dass seine Frau von einem anderen Mann schwanger war. Als er zum Hauptverdächtigen in dem Mordfall wird, lässt er sich immer mehr gehen, duscht sich nicht mehr, trinkt und wird insbesondere Rachel gegenüber aggressiv. Zudem wird er von Fotographen, Journalisten, und der Polizei auf Schritt und Tritt überwacht, da sie ihn alle für den Täter halten.

MEGAN HIPWELL

Megan, deren Spitzname Megs lautet, wurde 1984 in Rochester geboren. Mit ihren langen blonden Haaren, den blauen Augen und der schlanken Figur ist sie die Schönheit der Nachbarschaft. In zwischenmenschlichen Beziehungen ist sie äußerst unbeständig.

Obwohl sie ihren Ehemann liebt, stürzt sie sich in Affären, um sich die Langeweile zu vertreiben, da auch ihre Pilateskurse und die Treffen mit ihrer Freundin Tara die Leere in ihrem Leben nicht füllen können. Zuvor leitete sie eine Kunstgalerie in Witney, die jedoch bankrottging, nun versucht sie, sich mit verschiedenen Beschäftigungen die Zeit zu vertreiben. Unter anderem will sie sich an der Londoner Kunsthochschule Saint Martin's School für einen Textilkundekurs einschreiben.

Als weiteren Zeitvertreib passt sie einige Monate auf Annas und Toms Baby Evie auf, obwohl sie kleine Kinder eigentlich nicht ertragen kann, was sich durch mehrere Schicksalsschläge in ihrem Leben erklären lässt. Ihr älterer Bruder Ben, mit dem sie eine Weltreise geplant hatte, starb mit 19 Jahren bei einem Autounfall. Nach der Beerdigung riss sie von zuhause aus und versuchte, ihre Trauer durch Drogenkonsum zu betäuben. Zu ihren Eltern brach sie jeglichen Kontakt ab und sie starben, ohne dass sie sich je mit ihnen versöhnen konnte. Mit 16 Jahren lernte sie ihren Freund Mac (Craig McKenzy) kennen und wurde von ihm schwanger. Eines Tages schlief sie ihm Drogenrausch ein, während ihr Baby in der Badewanne war und daraufhin ertrank.

Über den Tod ihres Kindes spricht Megan mit niemandem, nicht einmal mit Scott. Schließlich vertraut sie ihr Geheimnis jedoch dem Psychologen Kamal Abdic an, mit dem sie eine Affäre beginnt. Während ihres Verhältnisses mit Tom wird sie von ihm schwanger und entscheidet sich gegen eine Abtreibung, weshalb er sie mit einem Stein erschlägt. Nach der Aufklärung des Mordes wird sie in Schottland neben ihrer kleinen Tochter beerdigt.

ANNA WATSON

Anna ist Toms zweite Ehefrau und die Mutter der gemeinsamen Tochter Evie. Sie ist blond und beim Lachen werden ihre Grübchen sichtbar. Sie ist Immobilienmaklerin und war erst Toms Kollegin, bevor sie seine Geliebte wurde. Da er ihr mehr Aufmerksamkeit geschenkt hat, als sie seine Geliebte war, als in ihrer Ehe, sehnt sie sich manchmal nach der damaligen Zeit zurück. Sie akzeptiert Toms Vorschlag, Megan als Babysitterin für Evie einzustellen, obwohl sie es eigentlich für überflüssig hält.

Anna hat einen schwierigen Charakter, es fällt ihr schwer, Mitgefühl für Rachel zu zeigen und sie erträgt die ständigen Anrufe und Einmischungen in ihr Leben nicht mehr. Rachels Verhalten jagt ihr Angst ein und sie würde gerne gerichtlich gegen sie vorgehen. Indem sie den Polizisten von Rachels Alkoholabhängigkeit erzählt, sorgt sie dafür, dass ihr keinerlei Glauben geschenkt wird. Als Tom Anna zunehmend mit Desinteresse begegnet, wird sie langsam misstrauisch und verdächtigt ihn bereits, eine Affäre zu haben. Da sie ihren Ehemann liebt und egoistisch und berechnend ist, kommt sie Rachel zunächst nicht zu Hilfe, als diese von Tom angegriffen wird. In ihrer Zeugenaussage nach dessen Tod bestätigt sie jedoch, dass Rachel aus Notwehr handelte und schließt so auf gewisse Weise Frieden mit ihr.

INTERPRETATION

DIE VERSCHIEDENEN SICHTWEISEN

Das Auffallende an dem Roman ist die Erzählform, da die drei weiblichen Hauptpersonen Rachel, Megan und Anna dem Leser nacheinander ihre Version schildern. Dabei werden ihre Gedanken dem Leser schrittweise, jedoch nicht immer chronologisch, sondern wie sie ihnen in den Sinn kommen, mitgeteilt. So erhält der Leser drei Sichtweisen derselben Handlung, die sich nach und nach mit den Erkenntnissen der Protagonistinnen und dem Stand der Ermittlungen verändern.

Rachels Version ist zunächst durch ihre Alkoholsucht und ihre ständige Flucht vor der Realität vernebelt. Doch sobald sie ihre Erinnerung wiedergewinnt, werden auch ihre Erzählung klarer und detaillierter. Toms liebende Ehefrau und ehemalige Geliebte Anna beschreibt die Beziehung des Paares zunächst als harmonisch und perfekt und sieht Rachel als ihre Feindin an, bis sie das Verhalten ihres Ehemanns misstrauisch macht und sie schließlich vermutet, dass er auch ihr untreu ist. Als sie begreift, was für ein Mensch ihr Ehemann tatsächlich war, rettet sie Rachel mit ihrer Aussage vor dem Gefängnis. Megan beschreibt ihre Ängste, ihre Niedergeschlagenheit und ihre Versuche, die Leere in ihrem Leben mit Affären zu füllen. Auch Rachels Bild von Scott und Megans Beziehung erhält nun Kratzer, denn während sie die beiden bisher als das perfekte Paar idealisierte, versteht sie nun, dass nichts ist, wie es scheint.

Der Leser ist mit drei Sichtweisen, drei Entwicklungen und drei verschiedenen Interpretationsansätzen konfrontiert, die alle das Leben der jeweiligen Erzählerin in den Vordergrund stellen. Die Fragen des Lesers verändern sich schrittweise, genau wie die Wahrnehmung der Frauen von ihrem Umfeld. So fragt sich der Leser in der Mitte der Handlung noch, wie Rachel so tief in die Alkoholsucht rutschen konnte, während er sich am Ende die Frage stellt, wie sie sich so sehr von ihrem Ex-Mann manipulieren lassen konnte. Im Laufe der Ermittlungen ändert sich dabei auch das Selbstbild der Frauen.

EIN THRILLER

Im Zentrum des Romans stehen nicht die eigentlichen polizeilichen Ermittlungen und die Lösung des Falls, sondern eher der psychische Werdegang der Protagonisten. Der Leser teilt die Ängste, die Zweifel der drei Erzählerinnen und begleitet sie auf der verzweifelten Suche nach Erinnerungen. Er fühlt sich selbst in die Handlung hineinversetzt und weiß zunächst nicht, was Realität, Wahnvorstellung oder subjektive Wahrnehmung ist, da er zwischen verschiedenen Sichtweisen hin- und hergeworfen wird.

Außerdem weiß der Leser nicht mehr als die Protagonisten, weshalb er sich noch besser in die Handlung hineinversetzen kann. Als Rachel in der Mordnacht blutverschmiert in der Unterführung aufwacht und nur Erinnerungsfetzen daran hat, dass sie Tom in Begleitung einer Frau in seinem Auto gesehen hat, folgt der Leser ihren Gedanken und tappt ebenso im Dunkeln wie sie. Von da an hegt Rachel einen Verdacht und sie setzt mithilfe ihrer wiederkehrenden Erinnerungen das Puzzle Stück für Stück zusammen:

> Die Frau, die ich eben noch auf mich zukommen sah, biegt in diesem Moment um die Ecke. Sie trägt einen dunkelblauen Trenchcoat, den die fest zugezogen hat. Im Vorbeigehen sieht sie kurz zu mir herüber, und in diesem Moment fällt es mir wieder ein. Eine Frau...blau...die Art des Lichts. Ich weiß wieder. Anna. Sie trug ein blaues Kleid mit einem schwarzen Gürtel und gingt von mir weg, und zwar schnell [...]

Allerdings war die Frau im blauen Kleid gar nicht Anna, wie Rachel zunächst glaubte, was der Leser jedoch erst später erfahren wird.

Bei dieser Erzählform spürt der Leser, unter welcher Spannung die Protagonisten stehen, was typisch für einen Thriller ist. Das sowohl in Kino als auch in der Literatur beliebte Genre zeichnet sich dadurch aus, dass es die Spannung des Lesers oder Zuschauers bis zur Auflösung bewahrt. Hier wird die Spannung durch einige falsche Spuren Rachels gesteigert, als sie versucht, ihre Erinnerungen zusammenzusetzen. Der Roman enthält jedoch auch einige typische Elemente des Krimis, da ein Verbrechen begangen wurde und aufgeklärt wird.

In Girl on the Train kommt der Cliffhanger oft zum Einsatz. Die drei Erzählerinnen wechseln sich ständig in ihren Berichten ab und verhindern so eine lineare Darstellung der Ereignisse. Diese Unterbrechungen verlangsamen die Auflösung der Handlung und bauen kurz vor dem Wechsel eine Spannung auf, die bis zur Rückkehr zur eigentlichen Erzählerin aufrecht gehalten wird. Dies geschieht beispielsweise, als die Geschichte ihren Höhepunkt erreicht und Tom Rachel töten will. Bis hierhin wird Handlung von Rachel erzählt, doch dann erfolgt ein Wechsel zu Annas Sichtweise, wodurch der Leser denkt, dass Tom Rachel tatsächlich töten wird. Erst als Rachel wieder die Erzählung übernimmt und klar wird, dass sie Tom getötet hat und nicht umgekehrt, löst sich die Spannung.

Zudem kann der Roman auch als *Whodunit*-Roman (abgeleitet aus dem Englischen „*Who has done it?*") angesehen werden, einer Untergattung des Krimis, bei der der Leser stets auf dem gleichen Wissensstand ist wie der Ermittler, wodurch er selbst herausfinden soll, wer der Täter ist. Durch die drei verschiedenen Sichtweisen versucht der Leser in diesem Fall, die Reaktionen der drei Frauen zu deuten und jeder eine Rolle in der Geschichte zuzuordnen, um den Schuldigen zu finden.

Diese Erzähltechnik konzentriert sich häufig auf bestimmte Schlüsselorte, in denen der Großteil der Handlung stattfindet. In diesem Roman gibt es drei Handlungsorte: den Zug, in dem Rachel über sich selbst nachdenkt und sich das Leben der anderen vorstellt, Megans und Scotts schönes Haus als Schauplatz häuslicher Gewalt und schließlich das Haus, in dem erst Rachel und dann Anna mit Tom lebt. Diese typische Erzähltechnik entstand in der englischsprachigen Literatur der 20er bis 40er Jahre und wird in Thrillern häufig verwendet.

DER ZUG ALS METAPHER

Das Leben der drei Protagonistinnen ist stets an ihnen vorbeigezogen, so wie die Landschaft an einem vorbeizieht, während man im Zug sitzt und darauf wartet, sein Ziel zu erreichen. Keine der drei hat je das Verhalten oder die Aussagen ihres Mannes oder Ex-Mannes in Frage gestellt und so haben sie sich ihren Männern letztendlich untergeordnet. Die Frauen des Romans versinken in Passivität, keine von ihnen stellt Toms Verhalten in Frage. Alle drei wollen von ihm geliebt werden und obwohl er jede von ihnen respektlos behandelt, brauchen sie lange, um sich dieser Tatsache bewusst zu werden.

Doch auch ein Zug erreicht nicht immer wie geplant das Ziel und auch wenn sich der Reisende durch den schläfrigen und monotonen Rhythmus in Sicherheit wiegt, kann ein Zug jederzeit entgleisen und geradewegs auf eine Katastrophe zusteuern. Auch Rachel, Megan und Anna führten alle einmal ein relativ geordnetes Leben. Rachel hätte eine liebende Ehefrau und Mutter in einem viktorianischen Haus in einer ruhigen Londoner Vorstadt sein sollen, doch da sie keine Kinder bekommen kann, versucht sie, ihren Kummer im Alkohol zu ertränken. Anstatt ihr zu helfen, treibt ihr Mann sie nur noch weiter in die Depression und nutzt ihre Erinnerungslücken aus, um sich in einem besseren Licht zu präsentieren. Auch nach der Scheidung behält Rachel ihren alten Rhythmus bei und nimmt jeden Tag denselben Zug aus der Vorstadt nach London. Ihr einziger Wunsch, der sie vorantreibt, ist es, Tom zu sehen. Als Rachel wieder klar denken und ihr

Umfeld realistischer beurteilen kann, kommen die wahren Umstände der Tat ans Licht und die Charaktere werden ebenfalls aus einem anderen Blickwinkel betrachtet.

Anna und Megan scheinen lange ein Leben geführt zu haben, das so monoton ist wie eine Zugfahrt. Anna lässt sich in Toms Bann ziehen und bemerkt lange nicht, dass er nicht dem Bild entspricht, das sie von ihm hatte. Megan fürchtet sich vor den unkontrollierten Wutausbrüchen Scotts und versucht die Leere in ihrem Leben durch zahlreiche Affären zu füllen. Doch auch die beiden Frauen werden schließlich auf unerbittliche Weise mit der Realität konfrontiert. Als Anna Rachel mit ihrer Zeugenaussage vor dem Gefängnis bewahrt, hört sie auf, einen Mörder zu beschützen. Megan trifft alleine die Entscheidung, ihr Baby zu behalten und legt ihr Schicksal damit nicht in die Hände eines Mannes, wofür sie jedoch mit dem Tod bezahlen muss.

ZUM NACHDENKEN

FRAGEN ZUR VERTIEFUNG

- Vergleiche den Roman mit traditionellen Krimiromanen. Inwiefern unterscheidet sich Paula Hawkins Schreibstil beispielsweise von dem der britischen Schriftstellerin Agatha Christie (1890-1976)?
- Paula Hawkins Erzählstil setzt mehr als nur einen Fokus. Erkläre diese Aussage.
- Erscheint das Werk durch die präzise und detaillierte Angabe von Daten realistischer? Begründe Deine Antwort.
- Wie zögert die Autorin die Aufklärung des Falls hinaus und hält die Spannung aufrecht?
- Kann man sagen, dass dieses Buch ein Plädoyer für die Frauen unserer Gesellschaft ist? Und wenn ja, warum?
- Analysiere Tom Watson. Lässt sein Charakter bereits auf seine gewalttätige Ader schließen?
- Sind Megans Nachlässigkeit, durch die ihr Baby stirbt, und Rachels Alkoholsucht Deiner Meinung nach zu rechtfertigen? Beziehe dich

bei Deiner Antwort auf die persönlichen Geschichten und die Charaktere der beiden Frauen.

- Inwiefern spiegelt dieser Roman die englische Gesellschaft wieder?
- Vergleiche die weiblichen Charaktere Rachel, Cathy, Megan und Anna miteinander. Inwiefern spiegeln sie gegensätzliche Frauenbilder wieder?
- Bleibt die Verfilmung *Girl on the Train* dem Buch treu?

Deine Meinung ist uns wichtig!
Hinterlasse doch einen Kommentar auf der Seite
unserer Online-Buchhandlung
und teile Deine Favoriten in den sozialen
Netzwerken!

DARÜBER HINAUS

HERANGEZOGENE AUSGABE

- Hawkins, Paula: *Girl on the Train – Du kennst sie nicht, aber sie kennt dich*, aus dem Englischen von Christoph Göhler, Blanvalet, München 2015

VERFILMUNG

- *The Girl on the Train*, Film von Tate Taylor, mit Emily Blunt, USA, 2016

Die präsentierten Inhalte werden vom Herausgeber überprüft, dennoch übernimmt dieser keine Haftung für die inhaltliche Richtigkeit, Vollständigkeit und Aktualität der vorgestellten Inhalte.

ISBN digitale Ausgabe: 9782808006392
ISBN gedruckte Ausgabe: 9782808007177
Pflichtexemplar: D/2017/12603/931

Cover: © Plurilingua
Logo: © Graphicrepublic (Freepik.com) und Plurilingua

Digitale Aufbereitung: Primento, der digitale Partner der Herausgeber